Made in the USA
Las Vegas, NV
30 April 2022

48229846R00062